무얼 하고 계시나

김영일 시집

月刊文學 출판부

초록이 무성했던 산과 들에 형형색색 단풍잎이 물들고 있습니다. 비정한 계절풍이 정든 잎을 흔들어 놓습니다. 그래도 미련 때문에 단풍잎은 한들한들 춤춥니다. 이제 곧 떠나갈 운명 앞에 빨갛게 흐느껴 웁니다. 어차피 떠나갈 텐데 그것도 못 참아 자꾸 성가십니다. 짓궂은 바람 탓에 더 이상 그 투정 못 받아주겠다고 합니다.

울긋불긋 화장한 얼굴을 미련없이 지웁니다. 못다 지운 한이 슬그머니 뒤따라옵니다. 그래도 바람은 냉정하게 낙엽을 휩쓸고 갑니다. 나목(裸木) 밑에 쌓인 낙엽들이 서걱서걱 속삭입니다. 마약과 같은 봄을 향해 미몽(迷夢)은 긴긴 겨울밤을 휩싸 안을 것입니다.

시어는 일상어와 어떻게 다른지 흔히 인식하는 잘못된 생각을 먼저 바로잡을 필요가 있습니다. 바로 고정관념입니다. 이것은 습작기의 학생들에게 많이 퍼져 있습니다. 예쁘고 고운 말만을 엮어서 아름다운 시를 만들려고 합니다. 이 생각은 아주 잘못된 것입니다.

시어가 곱고 예뻐야 한다는 고정관념은, 고운 옷을 잘 차려입고 멋드러지게 화장한 젊은 여인만이 아름답다는 것과 같습니다. 어찌 그런 여인만이 아름답다고 하겠습니까? 부엌에서 밥을 짓고 있는 어머니의 수수한 모습이 아름답지 않습니까? 새벽에 거리에서 열심히 청소하는 환경미화원의 모습도 아름답지 않습니까? 도서관에서 공부하는 학생들의 모습도 있습니다.

아름다움이란 이처럼 무한합니다. 그 아름다움들은 곱게 치장해서 생기는 게 아닙니다. 있는 그대로의 생활이 그 자리에 있을 때 우러나는 것입니다. 환경에 맞는 생활이 없으면서 요란한 치장을 한 젊은 여인의 모습은 아름다움과는 거리가 멉니다.

시어에 특별한 제한이 있지는 않습니다. 일상어는 알맞은 자리에 놓이기만 하면 어느 것이나 자격이 있습니다. 시어는 일상어와 비교할 때 그 종류가 다르기보다는 말을 쓰는 방법이 조금 더 섬세하고 치밀한 것이라고 하겠습니다. 주변에서 일어나는 희로애락을 바탕에 깔고, 대중성과 예술적 가치에 접근하고, 고뇌로 가득 차면서도 정적인 문제에 비중을 두는 것입니다.

이 가을, 길섶의 코스모스가 산들바람에 한들거립니다. 저녁노을과 함께 낙엽 지는 가로수길을 따라 걸어가는 나그네의 뒷모습이 쓸쓸하기만 합니다. 가슴 한구석에 서늘한 바람이 불고 있습니다.

2014년 1월

김영일

차례

제2부_ 님의 향기

제3부_ 삶의 여정

제4부_ 보랏빛 추억

제5부_ 밤에 핀 꽃

제6부_ 유적지를 찾아서

| 해설 |

제1부

그리움 먼 곳에

구름 벗

차마 지울 수 없습니다

그 목소리 듣고 싶어
귀 기울여도 바람 소리뿐
밤새워 불 밝혀도 오지 않네요

생각하고 또 생각하니
보고파서 까맣게 멍이 들었네요

삼경에 창문 닫고
등불 끄고 누웠는데
그리움은 별처럼
심지(心志) 속에 반짝입니다.

목련꽃

세월이 쉬어 갈
봄 가지에 사춘기 소녀가
내숭을 떨고 있네요

소망도 자존심도 하나뿐인데
심원(心願)은 푸르게
중천(中天)에서 반깁니다

만고(萬苦)에 일군 행복
소중한 생신(生新)이련가요

애송이 꽃잎 염원 감출 수 없다지만
춘풍은 못 견디게 동심을 흔드는데
새 소리가 듣고 싶어 오셨나요

생각나 못내 겨워
하얀 등불로 밤을 밝힙니다.

말벗

청산(靑山)이 청심(淸心)인지
님 떠난 정든 숲 속

봄에는 뻐꾸기가 울고
여름엔 소쩍새가 울다 갑니다

가을엔 으악새가
울지도 웃지도 않고
바람에 서걱일 뿐입니다

겨울에는 부엉새가
동지섣달 긴 밤을 울다 갑니다

청음(淸音)한 메아리는
당신이 남기고 간 여운인가요
미련도 미움도 바람 끝에 맺힌
붉은 열매와 같습니다

짓밟힌 민들레마냥

보람이 생명인지 생명이 보람인지
여명은 고요히 밤을 삼켜 버립니다.

바람의 친구

나는 간다, 저 산 너머
풀피리 부는 소녀를 향하여

나는 간다, 기척도 없이
저기 저 5월의 품 속을

나는야 가련다
기다리는 님 없어도

초심(初心)은 향기 따라
어디를 가는지도 모르면서

정도
미련도
그냥 두고 떠나간다

서러워 목이 메인
가슴 저민 이별이었는데

위풍이 기세인 듯 멋 부리네
그 뉘일까, 발자국 소리
그냥 스쳐가는 그림자 벗 아니다.

회심(會心)

청청산(淸淸山) 골골에
청음(淸音)한 메아리는

세월도 못다 지운
빛 고운 우정이었는데

회심(會心)에 맴도는
거부 아닌 반항인가

아쉬움 절절히
기척도 수천인데

속상한 그 사정
아는지 모르는지

신록은 푸르러
청심(淸心)이 청허(淸虛)로다

가슴 아픈 미움도

못 감춘 미련 때문에

마음 준 상처인지
울어 애(哀)를 맺히리.

여인의 향기

내 마음 훔쳐갔나요

정은 동냥도 쟁취도
사양도 아닙니다
오직 주고받을 뿐입니다

꽃은 표현 못해도
향기는 세계를 지배합니다

벌나비 그를 따라
천릿길도 마다않네요

행태(行態)는 삶의 거울
생태(生態)는 살기 위한 변화입니다

시작도 끝도 없는 고요 속
푸른 집을 짓고 또 짓습니다.

이슬꽃

가슴에 피어난 연둣빛 고백
수줍은 사춘기 같은 순아인가

풀숲에선 여치가 새벽 문을 여는데
눈치 채인 내 마음 고적(孤寂)한 자리
마중 나온 초로(草露)꽃이여

두 날개 활짝 펴는 눈부신 햇빛
고고한 당신을 향하여
어느덧 가부좌 틀고
푸른 하늘을 날고 있다.

정

가슴숲에 지저귀는
작은 새 한 마리

어쩌자고 자꾸자꾸
이내 심기(心氣) 울리는가

바람처럼 짓궂게도
가슴숲 흔들어 놓고
스쳐갔다 또 불어와……

미운 정도 있었지만
고운 정이 더 많았다

향기로운 바람아
그리운 사람아
의리와 정이 흐르는
강물이 있어야 사랑도 있고
행복도 있다.

이별

갈매기는 끼룩끼룩
빗속을 날고
바다는 푸르게
빗방울을 품네요

이제는 돌려받을
미련도 없습니다

가슴에 품고 있을
미련 또한 없습니다

우정도 의리도
모두 다 떠나갔습니다

임자 잃은 나룻배도
파도같이 삐걱삐걱
소리 내어 울고 있습니다

그래서 해가 진 꽃밭에는
나비조차 날아오지 않습니다.

선과 악

선은 목적이 없지만
악을 행함엔 목적이 있다

순간을 위한 향락은
병마(病魔)의 쾌락이다
쾌락은 지배의 발로(發露)
그것은 순간의 감정이다

인간이 두려워할 것은
첫째는 사람
둘째는 돈
셋째는 천재(天災)이다.

꿈 속의 여인

꿈에 본 그 사람은
수줍은 소녀 같았다

지금은 가고 없는 고요한 아침
언제 또 그 모습 볼 수 있을까

이제와 뒤돌아보니
세월도 가엾은지

그냥 두고는 못 간다 한다.

님은 먼 곳에

그리워 보고파서 님 생각 집을 짓고
이대로 한세상 부질없는 소망도
두고두고 애절함과 아쉬움뿐인 것을
정든 곳 저 저기 바라보고 있노라면
매달리는 추억들이 발길을 붙잡네요

생각지 말자고 다짐한 맹세도
순간순간 다가오는 이 미움 어찌할꼬

생각난다 그 맹세 고이 쓸어안고서
애타게 애타게 민들레꽃 피웁니다

이래저래 님을 잃고 두견새 울려 놓고
깊은 밤 속절없이 애간장만 탑니다.

꽃잎 지는 밤

잎보다 꽃잎 먼저
터뜨림 고와라

님 따라 찾아온
얄미운 꽃샘바람에
사랑도 행복도 앗아갔네

동산에 달이 솟아
어쩌지도 못할 정한

둘 곳 없는 이내 심사
그 어디 머물소냐

춘풍이 벗인가
한세월 살다가
어디를 가는 줄도 모르고
못 다 머물고 떠나는가.

새벽길

초하(初夏)의 초로꽃
서광(曙光)에 곱다

골골에 솟아오른 석간수
돌아돌아 강물로 흘러갈 때
산새들도 풍류를 즐긴다.

석별

빛 고운 단풍잎이
꽃비같이 내려도 석별은
낙엽처럼 서럽다 하네

정열을 불사르며
잊고 산 세월인데
가슴에 불 지핀 화마(火魔)가
한 줌의 재에서 기름이 된다

수십 년 지켜온 지조(志操)
마(魔)의 손길에 허물어짐은
순정을 빼앗은 배신인가

가슴 속 빗장문 열고
고운 꿈길 밟고 가는데
스산한 소슬바람이
정든 가지를 흔들어 놓는다.

가슴꽃

가슴에 고이 이는
그리움 아픈데

애간장 저민 미련
그 어찌 지우리오

모락모락 타는 심사
이내 심장 불태우니

밤 깊은 적막 속에
낙숫물 지는 소리
천기(天氣)를 울리네

세찬 해풍 껴안고
절개(節槪)를 피워 낸 동백꽃

빨갛게 사무친
가슴꽃 그 고백
동심(同心)이 동심(動心)이라네.

제2부
님의 향기

인생길

첫사랑 고백하던
수줍던 그날 밤도 아득하네

긴긴 세월 못 잊어
허송세월 미련이었네

내일을 향한 기대로
속고 사는 인생이라면

주어진 몫이 있다 한들
무슨 위안을 받으리.

변심

바람같이 왔다가 스쳐가는 나그네
그냥 못 간다고 짓궂게도 흔들어 놓아
이 생각 저 생각에 밤을 밝힙니다

순간을 위해 영원을
더럽히지 말라지만
남녀의 변심은 깨진 항아리

조각조각 주워담아 다시 또 도공한들
본래의 모습으로 돌릴 수 없습니다

변명과 설득은 말이 많습니다
심경의 고통도 방해자도 없이
댓잎에 잠이 든 바람이었습니다.

무리수(無理數)

미련도 미움도
사랑인 것 같지만
목숨 바쳐 못 지킬
바람 같은 그 고백
귀동냥 건성인 듯
말, 말뿐이었습니다

못내 감춘 그 아픔
이제 그만 가져가시고
날 울린 그대로
돌려 주지 않으시렵니까

그래도 고난 많던 뭇 세월
무리수도 인내심인데
정 때문에 거스를 수는 없습니다

숱한 세월 아직도 남아 있는
묵고 묵은 미움이지만
아무도 몰래 달래 보렵니다.

수련

오다가다 한두 번 바라본 죄뿐인데
무슨 자격 있다고 이 내 맘 훔쳐갔나요

생각지 말자고 등 돌려 눈 감아도
그 모습 꽂다이 지워지지 않습니다

심신은 근경*(根莖)같이 본 곳에 깃들이고
연못을 밝히는 당신은
어쩌자고 이 마음 빼아가 놓고
언제까지 모르는 척 붙잡아 두시렵니까

세월도 못 잊을 빛 고운 미련 때문에
심혼은 구심(球心)인 듯 떠날 생각 없다 하네요.

* 근경(根莖) : 뿌리와 줄기.

무죄

내 맘 주련다
몽땅 다 주련다

속없다 욕하지만
그래도 행복하다

사랑이란 받는 것이 아니라
주는 것이라고

가슴에 피운 진실
아낌없이 고백한다.

아마도

계절이 지나가는 파란 하늘가
흰 구름 이따금 가는 길 서두른다

어제는 뜻없이 그냥 흘러가더니만
서산에 해 저물어 그림자도 없으니
나보고 바람같이 어서 오라 손짓한다

초행길 낯선 길 엉거주춤 따라갔는데
이제와 생각하니 아마도 사랑이었나 봐.

풋사랑

그리움 앞을 가려 보고파 서럽구나
사춘기 청춘남녀 죽고 못 살 맹세도
나비처럼 날아가는 풋사랑인 것을

인간 한계 넘지 못해 못 지킬 명세였네
놋쇠도 녹일 듯이 활활 타는 불길도
화력이 죽고 나니 한 줌의 재뿐인 걸

입김 불어 흩어지는 형체 잃은 허무여라
이것이 배신인지 아픔도 있고 행복도 있네.

무얼 하고 계시나

초여름 해 저물자 푸른 산이 더욱 먼데
하늘 땅 잠들어 산간마을 한적하다

봄풀이 푸르면 오신다던 님인데
눈물이 앞을 가려 보고 싶어 서럽구나

가슴에 저며 저며 님 향한 이 심중(心中)
지금은 어느 곳에 무얼 하고 계시는가

안타까워 매달려도 흘러가는 이 밤을
이제 가면 다시 못 올 의미 있는 밤이여!

그리운 사람

그리운 사람 지금 어디에

목련꽃 피던 날 밤 첫사랑 고백은
달콤하고 아름다웠는데
아직도 그리운 그 모습
그렇게도 정답게 불러 본 영아

지금은 두고 온 그 이름
헛되어 슬퍼하는구나
아득히 왔다가 홀연히 가 버리니
비바람 임자 없음을 이제야 알겠네.

봄이 오는 소리

한 절기 입춘이라
양지바른 밭둑에는
봄볕이 노랗게
개나리꽃 애무하는데

산기슭 개울가에는
버들강아지 눈 뜨고
찔레꽃이 파릇파릇 움트고
냉이, 달래 밥상에서
봄향기로 입맛 돋우네

매화꽃 피는 소리에
봄이 오는 줄 먼저 알고
까치가 아침부터
해님 심부름 와서는
까악까악 울고 있네.

박꽃 여인

서산에 해 질 때
노을빛 고운데

초가지붕 넝쿨에서
박꽃이 밤을 밝히네

순수를 별에게 알리려고
어두움 끌어안고 하얗게 피었나

해가 뜨면 꽃잎 다물고
해가 지면 꽃잎이 피네

인고에 피워낸 순결
밤을 다스리는 여심

너와 함께 이 한밤
깊은 시름 달래 보는데

초경도 오경 *(五更)을 넘어서니

아침은 속절없이 꽃잎을 접네.

* 오경(五更) : 하룻밤을 초경, 이경, 삼경, 사경, 오경으로 나눈 다섯 번째. 오전 3시에서 5시까지다.

소낙비

여우비 심성인지 거부 아닌 비운이었는데
누구 몰래 눈 맞아 구름 속 환희인 듯
소낙비 천둥같이 우산을 두드린다

갈길이 바빠서 겁도 성가심도 몰랐다
가까운 듯 먼 길 와 빗물 털고 우산 접는데
행여나 우리 님 혼쭐나고 있을까 봐
애가 타서 기웃거린다

나는 가련다
저 뾜난 소낙비 달래 보려고
나는 또 가련다
햇빛 쏟아지는 저 먹구름 속을.

코스모스

소낙비 쏟아지는 오후
추녀 밑에 비 피하는데
가을비에 씻은 얼굴
청초한 그 모습이 나를 붙잡네

연인도 벗도 아닌 연분홍빛
그 품 속에 묻히고 싶어라
이유도 목적도 없이
아낌없이 바쳐 보련다

흐르는 물 소리처럼 콩닥거리며
정심(正心)으로 달을 품는다.

망향

그립다 생각난다 기다림 어찌할까
외로운 길 서러워도 나는 가야 한다
기약이 속일지라도 그래도 나는 가야 한다

미련이 나를 울릴지라도 버릴 수 없다
십오야 밝은 달이 그림자 지워도
나는 잊을 수가 없다

야심찬 심사 달랠 길 없다지만
그래도 나는 거역할 수 없다
망향 세월 지금에도 너를 잊고 못 산다.

고백

가는 세월 못 잡고
오는 세월 못 막는다

지금은 아득한
긴긴 세월 뒤란에서
소곤대는 추억도 아련한 추억도
이제는 못 잊을 그 세월인 것을

수줍듯 서투른 고백도
행여나 실언할까 봐
저 하늘 저 별은
하고 싶은 말 감춘다

나뭇잎에 속삭인
두고 간 비정인 양
낙엽만 쓸쓸히 지우고 있다.

천상의 여인

기나긴 외로움 마다 못하니
곰삭인 세월만 쓰리고 아프다

야속한 인생길
아직도 못 만난 님을 두고
아쉬움에 발길을 절룩거린다

이 세상 그 어디 있으련만
꼭꼭 숨은 술래 그 언제 찾을꼬

주옥 같은 언약도 없이
이제야 그 님을 찾으려 하는데
기약없는 꿈밭에 잡초만 무성하네

심장을 녹여 줄 고백도
그림자 세월이 멀고도 먼데

외로움 기댈 사연 없으니
천상(天上)에서나 찾아볼까.

제3부

삶의 여정

애증의 길

온다는 기척도 없이
이슬처럼 왔다가
바람같이 떠난 당신

심기는 체읍*(涕泣)인 듯
또다른 기대 속에
결심은 결심을 낳고
사고(思考)는 긴 여행을 떠난다

밤새도록 달콤했던 사랑도
밤 가고 낮이 오니
청실홍실 엮은 맹세
지킬 수 없다 하네

싫어서 미워하고
좋아서 사랑하는
순간의 선택인가

오기도 애원도 동정도 아닌

못 지킬 약속이었다.

* 체읍(涕泣) : 소리를 내지 아니하고 눈물을 흘리며 슬피 운다는 뜻.

찔레꽃과 장미

자기 소개가 없으니
누가 누군지 모르겠네

흰 저고리 검은 치마
찔레꽃은 한인의 고고한 여인상
주홍빛 일색인 장미는
서양인의 화려한 여인상인가

가시를 비수처럼 품은 채
철 따라 피는 꽃은
서로 다른 모습인데
빛깔 따라 상징도 의미도 다르다
생긴 모습 그대로라도 포기할 수 없다.

여행

한 마리 새가 되어 날아갑니다
초록이 무성한 저 숲을 향하여
산초(山草)는 푸르고 철 따라 피는 꽃은
풍취도 근사하네요

깊은 산 으름, 다래 지붕 삼아
청렬(淸冽)이 퐁퐁거리고
꾀꼬리 청아하게 숲 속을 넘나듭니다

어둠을 삼켜 버린 밤을 밝힌 별들이
심금에 드리운 그림자를 지웁니다.

변명

진작 이 심사를 고백하려 했는데
이제야 그 미련 거두어 본다

덧없이 흘러가는 저 강물처럼
물결은 밀려오고 또 밀려오지만
추억 앞에 머물고 싶다 하네

세월은 정지도 변명도 없지만
긴긴 밤 그 생각 부둥켜안고
못 견디게 반항할 뿐이었던가

그래도 못 지울 의리 때문에
못 본 체 돌아서 갈 수 없었다

이유 없는 용서에
자책도 변명도 면목도 없이
천형(天刑)은 무죄인 듯 그냥 가라 하네

내 진작 이 심사를 지워 보려 했는데

심심찮게 그 추억 자꾸 생각나
동심은 그 사연을 담아 보려 하네.

천성산

천성산* 등산길
숲 속 터널 신선인데
여름이 가기 싫어
가는 세월 붙잡는다

매미는 산천초목 집어삼킬 듯
맴맴 통곡하네

모은 재산 두고 가려니
아까워서 살고파서
손발 싹싹 비비지만
흘러가는 저 세월을
그 누가 역류시키리

온갖 수단 자행한들
힘 빠지고 체통 잃어
추한 모습뿐인데
이제 가면 다시 못 올

황천길도 서럽구나.

* 천성산 : 경남 양산시 웅상읍과 상북면, 하북면의 경계에 있는 산으로, 많은 계곡과 폭포 및 뛰어난 경치로 인해 예로부터 소금강산이라 불렀으며 본래는 원적산이라고 했다. 산 높이는 922m이다.

금정산*(金井山)

금정산 오솔길에
그 사정 모르는 척
바람이 불어와
마음을 흔들어도
청승스레 울고 있네

그 한 못다 풀고
설움 흩날리며
적막을 울리는구나

체통이 바보인 듯 속앓이 보듬고
자중(自重)도 아쉬워 서럽다 하더라

욕심은 먼지를 털어 버리면
파란 하늘이 보인다

발돋움 애가 타
미련같이 흔든 손짓

저 멀리 아련히 가물거린다.

* 금정산(金井山) : 부산광역시 동래구, 금정구, 북구에 걸쳐 있다. 산기슭이 가파르고 사면에는 거대한 자갈이 깔려 있다.

해운대 온천
—파라다이스 호텔

명사십리 해수욕장 수평선 너머
뱃고동 푸르게 아침을 여는데
파라다이스 배* 띄운 태고의 원시천(原始泉)
62도 식염천*(食鹽泉)이 퐁퐁거린다

여인의 가슴처럼
볼록 솟은 달맞이고개
어스름밤 불 밝힌 야경 동산

동산이 바닷물인가
바닷물이 동산인가
먼동 붉게 물들어 오면
갈매기 떼 끼룩끼룩
만경창파에 배 띄우네

해돋이 천명(天明)한 날
신라 땅 대마도가

성큼성큼 다가오네.

* 파라다이스 배 : 부산광역시 해운대구 중동에 있는 파라다이스 호텔을 호화선에 비유한 것이다.

* 식염천(食鹽泉) : 물 속에 염분이 1/1000 이상 함유된 광천으로, 만성 류머티즘, 혈관, 경화증 등에 좋다고 한다. 음용(飮用)으로는 만성 소화기 질환에 유효하다.

구름같이 떠난

옥색 도포 갈아입고
거동하는 귀족 나리
꽃 넋은 신화(神火)인 듯
전승(傳承) 없이 서성거린다

그 사정 못 들은 척
그냥 갈 수 없었는지
솔숲에서 백발이 둥지를 튼다

주어진 용서는
천륜(天倫)의 후덕(厚德)이다
구름같이 떠난 이를
바람 간들 어찌 잡을까

까치가 울고 온
장고(長告)한 기다림도
도망자가 숨어 있을
비밀의 탈을 벗긴다.

청산

심심곡 울리는
산새들 지저귐
녹음같이 어우러졌다

무성한 잡목숲은
불볕에 양산을 편다

산야에 소생하는 생명들
서로가 샘이 난 듯
성스런 화음이 상생한다

생사가 진득이는 아우성들
생의 질서는 유한하지만
오가는 희비(喜悲) 끝이 없어라.

내 고향

서산에
해 저문
고요한 촌락

달은 멀고
별빛도 야심하다

부엉이 울음 소리
벗이 되어 서럽구나

그리워
하도 그리워
잠 못 드는 그믐밤

다시 보면 꿈이지만
눈 감으면 보인다.

잊을 수 없네

소낙비 그치니
푸른 하늘이 열리고
앞 냇가 시냇물에
피라미 떼 까맣게
무리 지어 놀이하네

앞산 뒷산 진달래
연분홍빛 만발하고
아지랑이 아롱아롱
피어나는 들녘에서
춘흥(春興)에 춤춘다

생각은 파릇파릇
기억들은 무성한데
유년 시절 그리워
잊을 수 없네.

효자 비문

들판 지나 산을 돌아
고향 찾아왔는데
그 옛날 뛰놀던
그리운 벗 보고 싶어
이 집, 저 집 기웃거려도
개 짖는 소리만 사납구나

보리밭 사잇길 비포장 대로길
굴렁쇠 굴리던 마을 안길
아이들 동네방네
버들피리 요란하네

앞산 뒷산 진달래꽃
불붙은 듯 만발하고
뻐꾸기 울음 소리도 구성지구나

집 모퉁이에 피어 있는 복사꽃
약동하는 봄의 홍취 자자하네

신라 천년 세월 먹은 느티나무
봄이 오면 애써 움터서
한여름 우거진 쉼터 숲을 이루리

지극정성 부모 섬김
거룩하리 값진 효행
전설 따라 그 정성 새긴
효자 손순 비문*은
몇천 년 이어 온 고귀한 유적이어라.

* 손순(孫順) 비문(碑文) : 신라 홍덕왕 때 모량리에 살던 손순(孫順). 「아이를 묻다」〔일연(一然) 『삼국유사』 제5권(孝善 제9), 教文社, 1993. 596쪽.〕 경주시 현곡면 소현 1리에 있다.

해거름

함박웃음 그린 듯
초승달 웃음 걸렸습니다

풀벌레 울음 소리
정겨운 숲 속 사잇길
발길 따라 이슬 지웁니다

추억은 하나의 의미가 되고
만남은 또다른 추억을 만듭니다

소년같이 응석을 부려도
세월은 흘러흘러 청춘을 앗아가지만
추억이 새록새록 돋아나
동심은 산촌으로 달려갑니다

산비둘기 나는 해거름 길어지면
낡은 기와집 굴뚝에선 밥 짓는
하얀 연기 모락모락 피어납니다
들에 나간 일꾼들도 귀가길 서두르고
집집마다 하나둘 등불을 밝힙니다.

봄이 오면

심심산천 골골에
메아리 되돌아오니
산새들 잠자다 소스라치네

흘러간 세월 아쉬워 자책 말고
현재 시간 아껴 써야
심신도 건강하고 행복하겠지

잎이 없는 고목은
소생할 희망도 없다
잎 지고 헐벗은 나목(裸木)은
봄이 오면 또다시 새싹 돋는다.

골목대장

상생도 배려도 없는
당파싸움 불붙는다
자기 처지 못 깨친 가련한 인생들

국민 위한 가면 쓰고 에둘러
변명하는 가상한 배신 아닌가

완장 찬 똘마니들 앞 못 봐
길 잃고 억지주장만 반복하네

국가관 없는 자가
국민 선동 깃발 꽂고
천지구별 못하는 막가파 정치

국정도 분별 못해 잠바 입고
수염 길러 민주 투사 자처하니
선열들은 지하에서 기가 차서 통곡하네.

제4부

보랏빛 추억

버들강아지

움 묻은 가지마다
쭉쭉 기지개 켜고
터져 나오는 속잎들이
생글생글 웃고 있다

약동하는 신천지에
대지를 뚫고 솟아나는 새싹들

심심계곡 흐르는 물은
돌돌 돌틈 돌아
강으로 흘러가고
산기슭 냇가에는
버들강아지가 솜털 옷 벗어들고
봄소식 전해 주네.

그 이름

엄마가 계시던 그리운 그 시절
아쉬운 그리움에 사무친 기억들

다시 보면 고향이다
그리움 못 잊어
그 시절을 되돌아본다
생각나 생각나서 불러 보는 그 이름

세상일 인간사 수심(愁心)이 끝 없는데
누님 모습 사려안고 그 세월에 묻힌다.

봄날

아지랑이 아롱대는 보리밭 들판에
종달새 지지배배 하늘 높이 난다

앞산 뒷산 울긋불긋 진달래 만발하고
버드나무 가지마다 새순 돋아 푸르다

뱁새는 풀숲을 넘나들고
벌나비 꽃을 만난 봄이 따사롭다.

가을 잎새처럼

푸른 잎 서리 맞고 제 모습 못 갖추니
이제는 쓸모없다 팽개치는구나

축 처진 어깨에 웃음도 기백도 없이
세상사 체험한 듯 미동도 없구나

초년엔 태산도 옮길 것 같았는데
처절한 운명 앞에 한 마디 변명도 없이
추풍에 눈을 감고 미련도 없다 하네.

진달래꽃

두우의 한을 못 삭여
애절한 원혼이 깃든 꽃인가

참꽃이냐 두견화냐
아니면 진달래꽃이냐

두견새*가 울 때 핀다 하여
두견화라 이름 붙인 것인가

춘풍에 구름 가고
봄볕이 따사한데
이 산, 저 산 불붙은 듯
진달래 꽃밭이네

소담한 꿈 만나려고
진달래 꽃밭을 헤맨다.

* 두견새 : 중국 촉나라에 두우라는 왕이 있었는데 제호를 망제라 하였다. 별령은 자신을 구해 준 망제를 대궐에서 몰아내고

왕위에 올랐다. 하루아침에 나라를 빼앗기고 돌아갈 곳을 잃은 망제는 그 원통함과 한을 삭이지 못하고 죽게 되었다. 그 후 대궐이 보이는 서산에는 밤마다 두견새가 한 마리 날아와 슬피 울었다. 촉나라 사람들은 이 새를 망제의 넋이 환생한 것이라 여기고 귀촉도, 두견, 불여귀, 혹은 망제 혼이라고 불렀다는 이야기에 관련된 것들이다.

여행길

육지 떠나 섬에 이르니
검푸른 망망대해
이국땅이 따로 없네

해변길 연인같이 명승지 돌아보니
바람 많고 돌 많은 이 고장
비바리들 인사말도 곱구나

남쪽 해변가 파도 소리 정겹게
행복한 물보라꽃을 피운다

갈매기 떼 끼룩거리는 부둣가에
유행가 가락이 심금을 울리네

너와 나 꽃다이 연인꽃을 피운다.

그리워합니다

봄볕 보듬는 민들레꽃처럼
나는 당신을 그리워합니다

따오기 따옥따옥 울어도
나는 당신을 그리워합니다

천둥이 하늘을 두 동강 내어도
물 가둔 논에서 개구리 울어도
나는 당신을 그리워합니다

봄 향기 목련꽃이 매혹하여도
나는 당신을 그리워합니다

설화의 매화꽃이 춘심을 울려도
진달래꽃 봄바람이 아량을 부려도
나는 당신을 그리워합니다.

홍도*(洪島)

노을빛에 물든 환상의 섬
그래서 홍도라 명명하였던가
기암괴석 쪽빛 바다 탄성이 이어지고
비경(秘境)의 붉은 섬 황홀한 풍광이
감탄사를 자아내게 하네

희귀종 식물들이 바다와 호흡하며
수천 년 세월을 함께 울고 웃었겠지
무엽란 풍란이 군락을 이루고
그윽한 꽃향기가 심사를 매혹한다

작별의 아쉬움 뱃고동 울리는데
이제는 떠나가리다
하룻밤 풋사랑에 정든 갈매기가
다시 또 오라고 끼룩끼룩 난다.

* 홍도(洪島) : 전남 신안군 흑산면 홍도리에 있는 섬으로, 목포에서 3시간 배를 타고 가야 한다.

인연의 꽃

기다리는 마음에
전해오는 설렘도
그리움 아파서 가슴 메입니다

애고*(愛顧)의 경이로움
오해해도
의심없이 피운
인연의 꽃입니다.

* 애고(愛顧) : 사랑하여 돌봐 준다는 뜻.

벚꽃

꽃비처럼 내리는
꽃잎 밟고 가면

움트는 가지마다
이른 봄이 정겨워

새싹이 예쁜 얼굴로
봄 인사를 하네요.

두견새

오다 가다 바라본
환희의 순간들
가슴 아린 향수는
위안이었나

하얀 꽃 환한 등불
여름밤을 밝혀 주네

저 산 속에서 밤을 우는 두견새
울부짖는 심사에 사무치네

구름 흐르듯 가던 달도
발길 멈추고 귀 기울이네.

매화나무

출생지를 물었더니
중국 땅 산동 지방이란다

약혼녀 3일 만에 요절하여
무덤가에 홀로 앉아 통곡하니
애처로워 보다 못해
매화나무* 돋아났네

가신 님 넋 되어 오셨는데
앞마당에 옮겨 심어 놓고
바라보며 한평생 살리라

먼 훗날 죽어서
한 마리 휘파람새 되어
매화나무 곁에서
영영 떠나가지 않으리라

휘파람새는 그 연정 지키고 싶어

휘파람 휘이익, 꽃넋을 부른다.

* 매화나무 : 약혼녀가 3일 만에 병들어 요절하여 무덤가에 찾아가서 울었는데, 그 무덤가에서 매화나무 한 그루가 돋아났다. 용래(도공)는 그 매화나무를 약혼녀의 넋이라 여겨 앞마당에 옮겨 심어 놓고 평생 그 나무를 바라보며 살았다. 그는 죽어 휘파람새가 되어 그 나뭇가지에 날아와서 떠나지 않았다는 설화다.

망부석

실버들 푸르게
시냇가에 넘실거리는데
봄은 저만치 비켜가고 있네

이 풍진 세상에
못 떠난 당신 생각
기다림 딛고 서서 바위 되리라

5월의 끝자락에
쉬어 가는 꽃향기
천릿길을 오간다

신록이 무성하니
산새들 노래 자랑 드높고
다람쥐도 덩실 춤춘다

산사의 독경 소리
심경(心境)을 비추는데
청산은 생명을 품는다.

봄바람

구름같이 뭉게뭉게
복사꽃 꽃노래에
아지랑이 춤추는데

푸른 들 보리밭 위로
종달새가 하늘 높이
춘흥을 지저귄다

나물 캐는 아낙네들
노랫가락 소리가
봄바람에 간드러지고

집 앞 냇가엔
시냇물이 흘러내리고
하늘 높은 버들나무에는
파릇파릇 새싹이 웃음짓는다.

자연의 소리

풀잎에 잠든 바람에도
꿈과 행복이 있다

오염된 환경에서는
자연의 숨결을 들을 수 없고
쾌적한 환경에서는
자연의 숨결을 들을 수 있다

인고 끝에 피운 꽃은
향기가 짙고 아름답지만
의미 없이 피운 꽃은
응보(應報)의 진리를 모른다.

제5부

밤에 핀 꽃

목례화*(目禮花)

아스팔트 비단길을
꽃마차 타고 가는데
비포장 통학길이 생각난다

남사 종점* 버스길
정류장은 달라도
우리 서로 나란히
동심에 물들인 분홍빛

하구 3리* 정류장 하차하니
목례화 같은 웃음꽃
나더러 어쩌란 말인가

꽃다운 당신 모습
기억 속 소중히 간직하고
미련이 쌓인 꽃마차에

그리움 싣고 달려간다.

* 목례화 : 눈짓으로 가볍게 인사하는 모습을 꽃으로 형상화한 것.
* 남사 종점 : 경주시 현곡면 남사리 가는 230번 시내버스 종점.
* 하구 3리 : 경주시 현곡면 현곡초등학교가 있는 마을 이름.

그 시절

유년의 그리움이 꽃향기마냥
마음의 심지에 맴돈다

꽃심(花心)을 흔들어 놓은
그 시절이 그립구나
동지섣달 설한풍 문풍지 울리면
온돌방 아랫목에 옹기종기 모여앉은
옛 벗은 간데없고
그리워 다시 찾아왔건만
시냇가 버드나무에서
까치만 반겨 주는구나

사랑도 남루한 고향길
그리움 못다 감춘 그 시절이어라.

신천지

숲 속에선 산새가 우짖고
개울가엔 시냇물이
돌틈 돌아 몸짓하는데

아지랑이 봄볕 속에
초심은 동심을 밝히고
이 밤과 함께 귀 기울이면
톡톡 움트는 소리
초록이 벗인 양 잘 어울린다

긴긴 세월 기약인 듯
가지마다 꽃을 피우네

내 가슴 그윽한 숲 속에
솟아오른 샘물
풀지 못한 기상(氣象)은
아직도 바람 속에 깃들인다.

덧없는 세월

황혼과 함께 밤이 오는가
기다림 작정하고 동이 트는데
당신이 오실 길 가꾸고 가꾸어서
길섶마다 파릇파릇 새싹을 틔우나

오실 날 회심(回心) 길 기약 없는데
애간장 저린 사연 어찌 미워하리
덧없는 세월 아쉬운 심병(心病)을
기꺼이 수술대에 맡겨 보련다
먼 길 천근 같은 짐 벗어 버리고
저 길을 따라가련다

사춘기 사랑은 풋사랑
청년기 사랑은 관능적 사랑
황혼기 사랑은 심상적(心想的) 표상이다.

여운들

유년이 남기고 간
세월의 여운들을
어찌 그냥 지나치리

소꿉장난 살림살이
그 시절 그때가
긴긴 여정 그립네요.

계절꽃

3월엔 벚꽃, 복사꽃
4월엔 진달래꽃, 목련꽃
춘심은 안개같이 피어나는데
뒷동산 뻐꾹새가 구성지게 우는구나

5월엔 장미꽃, 찔레꽃
6월엔 석류꽃, 밤꽃이 피고
산에는 소쩍새가 애간장 다 녹인다

8월엔 양귀비꽃, 도라지꽃
9월엔 나팔꽃, 구기자꽃
10월엔 쑥부쟁이꽃, 코스모스

들녘엔 황금물결이 출렁이고
길섶에선 국화꽃이
가을 맘 붙잡는데
은빛 물결 으악새가 슬피 운다

11월엔 동백꽃, 채리꽃

12월엔 괴발선인장꽃, 개불알꽃
겨울밤 저 산 속에 부엉이가 울고 우니
슬픈 맘 헹구느라 잠 못 이뤄 뒤척인다

1, 2월엔 고결한 여심의 매화꽃이
설화(雪花)를 보듬고 봄을 넘보고 있네.

삶의 여정

따스한 봄볕 향한 힘찬 발돋움이
대지를 뚫고 솟아나리다

구미산* 깊은 골 흐르는 물 소리
숲 속을 넘나드는 산새들의 놀이터
신령이 내려앉은 신비한 저 자태
몇천 년을 물려받은 청산유곡인가

과거는 아쉬움과 그리움이
미래는 꿈과 희망이 있고
현재는 시련도 행복도 있다

뜻 없이 자존심 내려놓고
에두른 그 비련(悲戀) 감추는데
누굴 위한 변명인가
이제는 안타까운 추억

영원히 품고 가리다.

* 구미산 : 경주시 현곡면에 있는 국립공원으로 거북이 구(龜)에 꼬리 미(尾)를 쓴다. 높이 594미터. 산 아래에는 천도교의 유적이자 성지인 용담정이 있다.

긴 여름

떠날 날도 모르는데
여름인지 가을인지

바람 자듯 고요한데
땀방울이 송송거리니
계절을 잊었나 봐.

유채꽃

생각이 납니다
보고 싶은 그 사람
이 밤을 총총히
그리움의 불 밝힙니다

지그시 눈 감으면
떠오르는 그 모습
유채꽃 노랗게 피어납니다

연인들 여행길 도깨비길* 지나
파도가 철썩이는 바다로 가는데
갈매기 떼 끼룩끼룩
어서 오라 하네요

* 도깨비길 : 제주도 제주시 노형동 289-15번지 1,100도로임.

무정한 세월

순정은 초록같이
나뭇잎에 나부끼는데
가는 세월 속절없다
욕심 없이 살라 하네

생각나 못 잊어서
이 한밤 깊고 깊은데
풀벌레 울음 소리 드높고
중천의 초승달은
오는 세월 기약하나

이런저런 그 사정
다 들어 주고 나니
덧없는 세월만 흘러가네.

낙엽

푸르던 산과 들
형형색색 물든 신천지
비정한 북서풍이
정든 인연 흔들어 놓는다

그래도 미련 때문에
단풍잎은 한들한들 춤춘다
이제 곧 떠나갈 이별 앞에
빨갛게 흐느껴 운다

어차피 떠나갈 텐데
그것도 못참아 자꾸 성가시다
짓궂은 바람 탓에
더 이상 그 투정 못 받아 주겠네

울긋불긋 화장한 얼굴
이제는 미련없이 지운다.

고향의 봄

바위 바람 선령(仙靈)인가
심심산천 호령한다
오소리, 다람쥐 기지개 켜고
습염(習染)된 그 모습 변함없구나

앞 냇가 동장군 옷깃 풀어헤치고
유년 심기 야단법석 신천지 기상일세

온갖 수난 겪은 길섶 민들레꽃이
그 아픔 몰래 쓸어안고
노란 눈물을 훔치네

호랑나비 얼싸 좋아 사랑 고백하는데
이제야 투정도 봄소식 전하는구나

못자리 물 가둔 논에는
개구리 개굴개굴 춘음(春陰)을 음미하는데
뒷동산 뻐꾸기는 춘신(春信)에 취해
한 나절 두 나절 구성지게 울고 있다.

제6부
유적지를 찾아서

포석정(鮑石亭)

경주 남산 서쪽 자락
배반동 숲 속
신라 천년 흥망 깃든
고적(古蹟)이 유적(幽寂)인데

노랫가락 권주가(勸酒歌)에
태평성대 자축(自祝)했던가

치욕주(恥辱酒) 한 잔 술에
청풍도 울고 왕궁도 울었다네

유상곡수*(流觴曲水) 시 한 수
그 세월에 취해 본다

온종일 기다려도
그때 그 풍악 소리 없는데
사색은 고요히
고금(古今)을 넘나든다

꽃넋은 술 취해
노을밭에 비틀거리는데
세월이 두고 간 돌홈만이
오가는 이 발길을 붙잡네.

* 포석정(鮑石亭) : 경주시 배반동에 있다. 오릉사거리에서 언양 쪽으로 35번 국도를 따라 1.4㎞ 가면 길 왼쪽에 신라시대 가장 아름다운 이궁지(별궁)였던 포석정이 사적 제1호로 지정돼 있다. 지금 유상곡수연을 즐기던 점복 모양의 돌홈(곡수거)만 남아 있다.

* 유상곡수(流觴曲水) : 수로를 굴곡지게 하여 흐르는 물 위에 술잔을 띄우고 그 술잔이 자기 앞에 오기 전에 시 따위를 짓는 놀이이고, 그런 목적으로 만든 도랑을 곡수거라 한다.

골굴암

함월산 끝자락을
주름 잡고 골골 돌아
기와집 앞 가린
골굴암에 이르는데
안쪽은 천장도 벽도
모두 다 석굴이구나

북쪽 벽 감실*(龕室)에
부처님 모셨는데
세월이 지웠는지
그 표정 모르겠네

여기저기 허물어진
12개 석굴은 형체뿐인데

세월도 못 다 지울
마애불상* 저 미소
중생구제 보람인 듯
나그네 맘 붙잡네

굴과 굴 이어진 길
바위계단 오르내리는데
마애불 절벽 아래 솟은 금강수*
달콤한 천년수에 심신을 달랜다.

* 골굴암 : 경주시 양북면 안동리에 있는 함월산 반대편에 12곳으로 구분된 천생(타고난 바, 날 때부터, 당초부터) 골굴암은 기림사의 암자였다고 한다.

* 감실(龕室) : 신주를 모셔 두는 장, 불탑, 탑 맨 밑에 만들어 두는 방.

* 마애불상 : 석벽에 새긴 부처.

* 금강수 : 마애불 절벽 아래 물은 많지는 않으나 맛이 달다. 이 샘 이름을 금강수라 한다.

백률사(柏栗寺)

참수(斬首)의 흔적인 듯
안개꽃 피어나고
하늘에선 꽃비가 내리는데

선혈이 승천하였다가
떨어지는 이적*(異蹟)이 생겨
절을 세워 자추사라 하였다네

불교의 융성(隆盛) 위한
이차돈의 거룩한 순교여라

대웅전 뒤 삼성각 옆
능선길 이어가니 정상 암벽에
삼존마애불좌상 계시네

공양비에 새겨진 인물상 옷차림은
부인복 통치마에 허리 덮인 상의

이 또한 신라인의 의상이 아닌가.

* 백률사 : 경북경주시 동천동406-1번지(소금강산)에 있는 절.

* 이적(異蹟) : 기이한 행적은 신의 힘으로 되는 불가사의한 일을 뜻한다.

* 불가사의는 사람의 생각으로는 미루어 헤아릴 수 없이 이상야릇하다.

동학의 성지

구미산 속 깊은 골에
인내천*(人乃天) 깨달은
수도원이 있다
청수봉존*(淸水奉尊) 자리와
영전(影殿) 한 분 표상이
세월을 가로채고 있구나

'사람이 곧 한울' 임을 깨달아
포교 활동하고 잠든 곳
천도교 성지에 동학의
상록수 잎이 무성하다

민중의 소망
꽃 피기도 전에 떨어졌다
지주(支柱)의 그 정신
지하에서 넋이 되어
갑오농민전쟁의
새싹을 틔웠는데

만나는 이 누구 없이
맞절이 교도인지라
평등주의 실천이
천도교 종지(宗旨)라네.

* 구미산 : 경북 경주시 현곡면 가정리 뒷산 일대인 국립공원 구역이다.

* 인내천(人乃天) : 천도교에서 '사람이 곧 한울' (인내천 사상), 곧 인간 절대 존엄의 기본 정신이다.

* 청수봉존(清水奉尊) : 수운 최제우가 목을 베어 죽이는 형벌을 받을 때 청수를 받들고 순교함에 따라 일체 의식을 갖는다는 의미로 청수를 떠놓고 기도하다의 활용형임.

반월성(半月城)과 안압지

파사왕이 쌓은 성
재성인가 반월성*인가
아마 신라의 도성이겠지

조선 영조 업적인가
북쪽 성 둑 잇대어
석빙고(石氷庫) 친정(親庭)이다

정녕 돌아온 초심(初心)
밤을 기다리는 하마(河馬)처럼
현실을 부정하지 않는다

동편에 안압지*
본명은 월지(月池)
동궁을 월지궁이라 불렀다
동서남북 연못 190미터
장방형 평면이다

다정도 한도 인간사 운명

세월이 스쳐간 빈 자리엔
떠난 님 기다리는 나룻배처럼
빈 배만 삐걱삐걱
소리 내어 울고 있는데

신라의 가을 바람만
풍류를 즐기고 있네.

* 반월성 : 경주 첨성대에서 남쪽으로 100m 앞 지점에 있는 이 성은 신라 제5대 파사왕 22년(101년)에 쌓은 성이다. 신라 시대 궁궐이 있었던 도성터이다. 지형이 반달처럼 생겼다고 반월성 임금이 계신 성이라 재성이라 하였으나, 건물도 아무것도 없는 잔디가 잘 깔려 있는 시민 공원 노릇을 하고 있다.(사적 제16호)

* 안압지 : 신라 천년의 궁궐인 반월성과 현재 길 하나를 사이에 두고 갈라져 있으나 신라 통일 직후 문무왕 14년(674년) 과 경덕왕 19년(760년) 때 궁내 못을 파고, 못 가운데 세 곳 섬과 동쪽과 북쪽으로는 12봉우리를 만들었다. 이것은 동양의 신선사상을 배경으로 하여 삼신도와 무산 12봉을 상징하는 언덕들을 잇달아 만들어 놓았다. 높이는 일정하지 않으나 3m에서 6m 정도이며 선녀들이 사는 선경을 상징한다.

선덕여왕릉

낭산(狼山) 숲 솔바람
원형분(圓形墳) 궁궐 짓고
철 따라 찾아온 수천 년의 벗
솔향기 망향 세월 휩싸인 몸짓이다

16년 앉은 자리 분황사 첨성대
솟아오른 9층 목탑 유물
동양 예술 금자탑
지상의 광명(光明)이다

천상의 등불인가
김춘추와 김유신이 양 날개 훨훨
그 명성에 국경이 따로 없다
이제야 그 기세 하늘을 날고
예언이 적중했는지
지신(地神)이 큰절일세

생전에 못 가 본 곳
강물은 흘러가고 산천은 푸르러도

못 지킬 언약 부질없는 숨바꼭질
생명은 시작과 순서가 있지만
죽음은 순서도 끝도 없어라

'내가 죽으면 도리천에 묻어 달라'는
신묘한 예언은 돌아가신 후에
맞아떨어졌는데

궁전을 둘러싼 노병*(老兵)들
해바라기하듯 몇천 년을
호병같이 호위하고 있네.

* 낭산 : 경주의 진산으로 해발 115m에 불과한 낮은 야산이지만, 넓게 보면 보문단지가 있는 보문동, 분황사가 있는 구황동, 보리사와 사천왕사가 있는 배반동 등 3개 동을 거느리고 있는 오지랖 넓은 산이다.

* 노병(老兵) : 능을 둘러싼 소나무들은 무덤 쪽으로 몸을 향해 서 있는데, 이 소나무들을 궁궐을 지키는 호위병으로 의인화했다.

계림(鷄林) 숲

석탈해왕 9년(65) 어느 봄날 밤
월성(月城) 서쪽 계림 숲*에
닭 우는 소리가 들렸소

호공이 여명같이 그 숲에 가 보니
금색 찬란한 궤짝이 나뭇가지에 걸려 있고
그 밑에 흰 닭이 울고 있었소

이 상황 일러 받은 짐(朕)이
궤짝을 열어 보게 하였는데
그 속엔 용모가 준수한 아이가 있었소
짐은 기꺼이 그 아이를 거두어 길렀소
이름은 알지(閼智)
성은 김(金)이라 하고 태자로 삼았소

김알지는 왕위를 사양하여
육대손에 이르러 김씨가 왕위에 올랐는데
바로 제13대 미추왕이오

신라 박씨, 석씨, 김씨 시조의 탄생은
하늘과 바다, 그리고 난생(卵生) 설화*

지금은 느티나무와 왕버들이
울창한 숲을 이루는데 이 또한
옛 숲 그대로 전승을 이어 주고 있소.

* 계림(鷄林) 숲 : 경주시 교동에 있다. 반월성터 안에서 북쪽 첨성대나 대릉원 쪽으로 난 작은 길을 따라가면 바로 왼쪽에 김알지의 탄생 설화가 있는 곳으로 울창한 숲을 이루고 있다.(사적 제19호)

* 난생설화(卵生說話) : 알을 낳아 새끼를 까는 일을 줄거리로 한 옛 이야기임.

첨성대

별을 보고 점을 치는
신라 첨성대

동양의 최고령
천문 관측대라네

화강석 기단 위 27석단에
정자(井字) 층을 덧셈해
28석단을 쌓은
석재 1년, 날수 361개 반이다

하늘 끝 정자(井字)는 고도 신라
자오선*의 구형(矩形)인가
석단 중간 남창(南窓) 밑
12단의 석단은 12달, 24절기

빛은 천문(天門)을 밟고
춘추(春秋)에 오셨다가
하지, 동지에 님 가시니……

몰래 오가는 계절인가

수천 년 묻어 낸 저 기품을
보고 또 보았는데
향수(享受)는 고요히
나를 휩싸안는다.

* 첨성대 : 경북 경주시 인왕동에 있으며, 계림을 지나 대릉원 쪽으로 따라가면 맞은편에 첨성대가 서 있다. 높이 9.18m, 밑지름 4.93m, 위 지름이 2.85m다. 신라 제27대 선덕여왕 재위 중(632~647년)에 축조되었고, 국보 제31호로 지정되어 있다.

* 28석단 : 지름이 일정하지 않은 원주형으로 돌려 27단을 쌓아 올렸으며, 꼭대기에는 우물 정(井)자 모양의 돌까지 합해서 28단으로 기본 별자리 수를 상징한다.

* 자오선 : 어떤 지점에서 정북과 정남을 통해 천구(天球)〔천공(天空)을 편의상 지구상 관측자를 중심으로 하는 구형으로 간주하여 일컫는 말〕에 상상으로 그은 선이다.

봉황대

동산이냐 봉황(鳳凰) 알이냐
신라의 비운(悲運)을 품고
몇천 년 별빛처럼 먼 전설
고려 왕건이 도선*과 음모하여
신라를 삼키려 계책에 이른다

배(船) 모양 경주 땅을
봉황이라 일러 주고
봉황이 이제 그만 떠나려 하니
그 알을 만들라는 조언을 했네

봉황을 위해 샘을 파고
날개에 금(金)을 쥐어 주었는데
봉황 알은 동산이요
여기저기 판 샘물은
배(船) 바닥에 구멍을 뚫은 격
날갯죽지에 금을 쥐어 준 것은
돛대를 부러뜨리는 격이니
배는 침몰하게 된다

그때 그 봉황 알이
지금의 봉황대라는 전설이다.

* 봉황대 : 경주시 노동동에 있는 표주박형의 쌍분이 아닌 단일원형 고분으로는 가장 큰 봉황대는 밑바닥 지름이 82m, 높이가 22m로 무덤이라기보다는 너무 커서 차라리 자그마한 동산 같다. 그 동산 위에는 느티나무 몇 그루 때문에 고분이라는 느낌을 받기가 힘들다. 규모로보아 왕의 무덤임이 틀림없으나 아직 발굴되지 않아 정확하지 않고, 다만 봉황대라고 이름 붙은 데에는 고려 왕건과 관련된 설화가 전해지고 있다.

* 도선 : 고려의 풍수지리의 창시자인 도선은 왕건과 의논하여 신라를 빨리 멸망시키기 위하여 배 모양의 경주 땅을 봉황형이라 하고, 그 봉황이 지금 날아가려고 하고 있으니 봉황 알을 만들어 봉황으로 하여금 애착을 갖도록 하라고 신라에 조언한 자이다.

오릉*

신라를 건국한 박혁거세
재위 기간 길고 길어
61년에 승천하였는데

그 7일 뒤 유체가 흩어져
땅에 떨어졌고
이때 왕후도 세상을 떠났네

모아모아 장사 지내려니
큰 뱀이 나타나 방해를 했는데
못 이겨 따로 장사지냈네

여기가 어디야, 경주 탑동
신라왕, 그리고 알영왕비릉

다섯 기 총총
그래서 오릉

또는 사릉(巳陵)이라네.

* 오릉(五陵) : 신라 시조 박혁거세왕과 제2대 남해왕, 제3대 유리왕, 제5대 파사왕 등 신라 초기 네 박씨 임금과 박혁거세 왕의 왕후인 알영왕비 능을 합하여 오릉이라 한다.

천마총(天馬塚)

5세기냐 6세기냐
아마 5세기 말 6세기 초겠지
주검의 흔적은 적석목곽
유물 11,500점 이어 줄토라니

말다래*에 그린 말이
하늘 날아오르니
그 이름 천마(天馬)다

여기저기 원토분 모여서
23기의 대릉원이라 부르는가

신라문화 천년의 보물 창고
닫힌 문 열어서 맞이하세

푸른 하늘 날아오른 천마의 기상
여기 대릉원의 천마총에서

신라 유물 참관하세.

* 적석목곽 : 돌무지 덧널무덤이다. 이 무덤은 땅 속에 곽이 들어갈 수 있게 장방형으로 판 뒤 모래와 자갈을 깔고 목재 곽을 넣고는 그 곽 안에 다시 목관을 넣은 방식이다. 목관에는 썩지 않게 옻칠을 하고 죽은 이의 영혼을 영접한다는 뜻에서 주검을 화려하게 분장하여 안치하였다.

* 말다래 : 말 옆구리에 진흙 같은 것이 튀지 않도록 달아매는 말의 도구(너비 75cm, 세로 53cm).

운문사

청청산 굽이 없이 곧고 깊은 골
넓고 넓은 반석 위에 운문사* 솟았네

사천왕문*(四天王門) 없는 출입문
들어서면 대웅전이 다가선다
좌청룡 가람 뜰에
안개 속 오가는 스님들
한 폭의 그림같이 성스럽다

우백호 정원 뜰
삿갓* 쓴 노스님
발길을 붙잡네

청솔 장삼(長衫) 걸쳐 입고
불심이 천리를 바라보니
중생 구제하는 자비심인가

북 소리 골골에 메아리치는데
비구니들 불경 소리가

번뇌를 쓸어 내려준다

불심을 닦는 승려 교생들
고요히 연등을 밝힌다.

* 운문사 : 경북 청도군 운문면 신원리 호거산에 위치한 사찰임.

* 사천왕문(四天王門) : (불)절을 지키기 위하여 동서남북의 사천왕을 만들어 좌우에 세운 문.

* 삿갓 : 볕과 비를 피하려고 대오리나 갈대로 거칠게 엮어서 만든 갓.

대왕암*

서산에 해 지고 노을빛 고운데
갈매기 떼 끼룩끼룩 둥지를 찾는다

처―ㄹ썩, 쏴― 아
정겨운 그 목소리
동심 못 가시게 발목을 적신다

어두움 쉬엄쉬엄 파도를 지우고
왜구의 침입 지키려
해룡(海龍)은 멀리서 불을 뿜고 있네

오시는 이 넋을 잃고
가시는 이 훗날을 기약한다

저기 저 물보라꽃
문무왕 산골처*인가
수중 왕릉 대왕암인가

십자형 수로 통해

동편에서 물들어
서편 수로 턱을 넘어
환궁했다 출궁하네

몽고군이 대종* 싣고
대종천*에 배 뜨자
돌풍 일어 배도 종도
해심(海深) 속 어디 숨었는지
풍랑이 화를 내면
대종 우는 소리가 윙윙 들렸는데

해녀들이 그 종을 보았다지만
탐사는 탐사로 끝났으니
의문은 의문을 묻고 또 귀 기울인다.

* 대왕암 : 경주시 양북면 봉길리 해수욕장이 있는 이곳 해안에서 바다 쪽으로 200m 떨어진 곳에 바다 경치를 돋우는 아담한 바위섬이다. 못 안의 돌 밑에 문무왕의 유골장치가 있다는 설도 있지만, 이는 본격적인 발굴 조사로 증명된 사실이 아니다. 외곽을 둘

러싼 바위 안쪽에 인위적으로 바위를 따낸 흔적이 있는 것으로 그렇게 추정할 따름이다. 만약 이 장치가 유골을 묻은 것이라면 세계에서도 드문 수중릉이 될 것이지만, 사실 대왕암은 오래 전부터 문무왕의 시신을 화장한 납골을 뿌린 산골처로 알려져 왔다.

* 산골처 : 산 자가 죽은 뒤에 용이 되어 불법(佛法)을 받들고 나라의 평화를 지킬 터이니 나의 유해를 동해에 장사 지내라. 화려한 능묘는 공연한 재물의 낭비이며 인력을 수고롭게 할 뿐, 죽은 혼은 구할 수 없을 것이다. 내가 숨을 거둔 열흘 뒤에는 불로 태워 장사할 것이요. 초상 치르는 절차는 힘써 검소와 절약을 좇아라. 〔『삼국사기』, 문무왕 21년(681년)〕

* 대종 : 고려시대의 일이다. 고종 25년(1238) 몽고의 침략으로 경주 황룡사의 9층 목탑을 비롯한 문화재가 많이 불타 버릴 때였다. 황룡사에는 에밀레종(선덕대왕 신종)의 4배가 넘는, 무게 100톤에 가까운 큰 종이 있었는데, 몽고군들이 이 종을 탐내어 그들 나라로 가져가기로 했다. 뱃길을 이용하는 것이 당시로서는 가장 효과적인 운반 수단이어서 토함산 너머에 있는 하천을 이용하였다. 배가 대종천에 뜨자 갑자기 돌풍이 일어나 종을 실은 배는 침몰되면서 종도 바다에 가라앉았다.

* 대종천 : 토함산을 감싸 돌아 동해로 흘러드는 이 천(川)은 황룡사 대종이 지나갔다고 해서 대종천이라 부르게 되었다고 한다.

| 해설 |

'생'과 '세월'의 함수(函數)와 시적 진실

| 작품해설 |

'생'과 '세월'의 함수(函數)와 시적 진실

김송배

(시인· 한국문인협회 부이사장)

1. 인생과 '세월'의 시간성 융합

현대시의 위의(威儀)는 대체로 그 시인의 내면에서 확고하게 성찰되고, '생(또는 인생)'을 지적(知的)으로 승화한 시정신과 일치하는 경우가 대부분의 경향으로 현현된다. 이러한 시정신의 발현이 곧 그 시인의 인격과 인생의 품위와 대등한 상관성으로 시적 진실을 탐구하는 시인들의 열정을 간과(看過)하지 못하게 되는데, 이는 작품에서 구현하려는 진실이 어떠한 지향성으로 분사(噴射)하고 있느냐 하는 문제와 직결되기도 한다.

이와 같이 시인에게 부여된 지적 소양과 인격체의 심저(心底)에서 숙성된 인생의 진실이 작품 속에서 더욱 빛을 발하게 되는 연유가 바로 '인생이란 무엇이냐' 라는 인생론적인 대명제를 탐구하는 시인들이 늘어나고 있다는 점이다.

일찍이 T.S 엘리엇은 시는 오직 인간의 능력을 발양(發揚)하기 위해서 우주를 비감성화시킨 것이라는 시학적인 논지는 우리에게 긍정할 필요성이 제기된다. '인간의 능력'은 바로 현실적인 생활방식에서 좀더 가치관이 깊게 투영된 고차원의 우주적인 메시지를 요구하는 능력의 발양이 시적 진실과 접근해질 때 독자들의 공감대가 확대될 것은 자명(自明)해진다.

여기 김영일 시집 『무얼 하고 계시나』를 일별하면서 문득 이러한 생각을 해 보는 것은, 그의 작품에는 우리들이 현재를 살아가면서 가장 고뇌하는 인생(혹은 생명)에 관한 시적 화두가 그의 정서에 큰 축을 형성하고 있어서 우리 현대시가 바로 자신을 인식하고 성찰하면서 상상력을 확충하는 다양한 시법(詩法)을 이해할 수 있었기 때문이다.

김영일 시인은 지금까지 『내 머물 곳 어디』 등 6권의 시집을 상재한 바 있는 중견시인으로서 그의 체험에서 상상력으로 승화한 소재와 주제가 바로 그의 인생에 관한 진실의 탐구라고 할 수 있을 것이다.

심심곡 울리는
산새들 지저귐
녹음같이 어우러졌다

무성한 잡목숲은
불볕에 양산을 편다

산야에 소생하는 생명들
서로가 샘이 난 듯

성스런 화음이 상생한다

생사가 진득이는 아우성들
생의 질서는 유한하지만
오가는 희비(喜悲) 끝이 없어라.

—「청산」 전문

이 작품은 소재 '청산'에서 추출한 이미지가 '산야에 소생하는 생명들'이다. 이 생명들에서 '성스런 화음이 상생'하는 자연의 섭리와 조화가 우리들 인생에게 무한으로 제공하는 '심심곡'의 생명성이다.

또한 김영일 시인이 형상화하는 메시지는 마지막 연에서 '생사가 진득이는 아우성들/ 생의 질서는 유한하지만/ 오가는 희비(喜悲) 끝이 없어라' 라는 화자(話者)의 어조(語調)에서 확연하게 적시(摘示)하듯이, '생사'나 '생의 질서' 그리고 거기에서 형성되는 인간들의 '희비' 라고 할 수 있다.

그는 작품 「삶의 여정」에서도 '과거는 아쉬움과 그리움이/ 미래는 꿈과 희망이 있고/ 현재는 시련도 행복도 있다'는 현실적인 긍정과 동시에 '뜻 없이 자존심 내려놓고/ 에두른 그 비련(悲戀) 감추는데/ 누굴 위한 변명인가/ 이제는 안타까운 추억/ 영원히 품고 가리다' 라는 그의 인생관이 적절하게 현현하고 있다.

황혼과 함께 밤이 오는가
기다림 작정하고 동이 트는데

당신이 오실 길 가꾸고 가꾸어서
길섶마다 파릇파릇 새싹을 틔우나

오실 날 회심(回心) 길 기약 없는데
애간장 저린 사연 어찌 미워하리
덧없는 세월 아쉬운 심병(心病)을
기꺼이 수술대에 맡겨 보련다
먼 길 천근 같은 짐 벗어 버리고
저 길을 따라가련다.

—「덧없는 세월」 중에서

이 '덧없는 세월'에서 이해할 수 있는 바와 같이 생명성과 인간과의 관계는 어쩔 수 없이 '세월'과 동행하지 않으면 안된다. 김영일 시인은 이 시간성에 대해서 아주 민감하게 반응하고 있다. '긴긴 세월 기약인 듯'(「신천지」 중에서)라거나 '유년이 남기고 간/ 세월의 여운들을/ 어찌 그냥 지나치리// 소꿉장난 살림살이/ 그 시절 그때가/ 긴긴 여정 그립네요'(「여운들」 전문), '세월은 정지도 변명도 없지만/ 긴긴 밤 그 생각 부둥켜안고/ 못 견디게 반항할 뿐이었던가'(「변명」 중에서), '모은 재산 두고 가려니/ 아까워서 살고파서/ 손발 싹싹 비비지만/ 흘러가는 저 세월을/ 그 누가 역류시키리'(「천성산」 중에서), '세상일 인간사 수심(愁心)이 끝없는데/ 누님 모습 사려안고 그 세월에 묻힌다'(「그 이름」 중에서) 그리고 '이런저런 그 사정/ 다 들어 주고 나니/ 덧없는 세월만 흘러가네'(「무정한 세월」 중에서)라는 등의 어조로 삶과 인생의 애환을 심도(深度)있게 천착(穿鑿)하고 있다.

그는 결론적으로 인생사와 시간성의 융합(融合)은 현실적인 삶의 중추적인 사유(思惟)의 핵(核)으로 작용하고 있음을 외적인 사물에서 이미지나 은유의 시법으로 형상화하여 우리들의 공감영역을 확산하는 효과를 제공하고 있다.

2. '그리움' 과 정한(情恨)의 조화

김영일 시인에게서 발견되는 정한의 이미지는 남다르다. 그가 불망(不忘)의 심리적 저변에는 '그리움'이라는 정한이 각인(刻印)되어 있다. 대체로 이 '그리움'의 정체는 사랑과 연결되는데, 그 사랑 자체가 현실적으로 해지(解止)되었거나 성취할 수 없는 사랑의 비련(悲戀)의 현상이 작용하는 경우가 흔하게 투영된다.

차마 지울 수 없습니다

그 목소리 듣고 싶어
귀 기울여도 바람 소리뿐
밤새워 불 밝혀도 오지 않네요

생각하고 또 생각하니
보고파서 까맣게 멍이 들었네요

삼경에 창문 닫고
등불 끄고 누웠는데

그리움은 별처럼
심지(心志) 속에 반짝입니다.

—「구름 벗」 전문

이 작품에서 우리는 김영일 시인이 '차마 지울 수 없는' 그 무엇의 형상이 내면에서 요동치고 있다. '그 목소리 듣고 싶어'도 '바람 소리뿐' '밤새워 불 밝혀도 오지 않'는 대칭적인 상대가 존재하고 있다.

이것이 그에게는 '그리움'이라는 괴물로 남아서 '삼경'까지 그를 불면으로 괴롭히고 있다. 이것은 그가 성취를 위해서 염원하거나 기도하는 '심지 속에'는 '그리움=별'이라는 등식을 성립시키면서 '그리움'을 가속화하고 있는 형상으로 시적 상황이 전개되고 있다.

초여름 해 저물자 푸른 산이 더욱 먼데
하늘 땅 잠들어 산간마을 한적하다

봄 풀이 푸르면 오신다던 님인데
눈물이 앞을 가려 보고 싶어 서럽구나

가슴에 저며 저며 님 향한 이 심중(心中)
지금은 어느 곳에 무얼 하고 계시는가

안타까워 매달려도 흘러가는 이 밤을

이제 가면 다시 못 올 의미 있는 밤이여!

—「무얼 하고 계시나」 전문

여기에서는 그가 시도하고 탐색하려는 그리움의 의도가 명징(明澄)하게 나타나고 있다. 대체로 그리움에는 대상의 화자가 그 어조를 어떻게 적시하느냐에 따라서 그리움에 대한 척도(尺度)와 범주(範疇)를 이해하게 되는데, 김영일 시인은 우선 '보고 싶어 서럽구나' 혹은 '가슴에 저며 저며 님 향한 이 심중(心中)/ 지금은 어느 곳에 무얼 하고 계시는가' 라는 탐색의 언어를 통해서 상대가 보편성을 지닌 범인(凡人)이 아님을 짐작할 수 있게 한다.

그는 다시 마지막 결론에서 '이제 가면 다시 못 올 의미 있는 밤이여!' 라는 절망적인 어조가 그의 심중에서 오랜 시간이 숙성된 사랑의 진실을 절규하듯이 현현하고 있어서, 그가 구가(謳歌)하려는 그리움의 실체는 바로 그의 사랑학과 일치한다는 정감(情感)을 알 수 있을 것이다.

그의 그리움은 다음과 같이 요약할 수 있다.

—가슴에 고이 이는/ 그리움 아픈데// 애간장 저민 미련/ 그 어찌 지우리오(「가슴꽃」 중에서)

—온다는 기척도 없이/ 이슬처럼 왔다가/ 바람같이 떠난 당신(「애증의 길」 중에서)

—임자 잃은 나룻배도/ 파도같이 삐걱삐걱/ 소리 내어 울고 있습니다(「이별」 중에서)

—향기로운 바람아/ 그리운 사람아/ 의리와 정이 흐르는/ 강물

이 있어야 사랑도 있고/ 행복도 있습니다.(「정」 중에서)

—그리워 보고파서 님 생각 집을 짓고/ 이대로 한 세상 부질없는 소망도/ 두고두고 애절함과 아쉬움뿐인 것을/ 정든 곳 저 저기 바라보고 있노라면/ 매달리는 추억들이 발길을 붙잡네요(「님은 먼 곳에」 중에서)

—주어진 용서는/ 천륜(天倫)의 후덕(厚德)이다/ 구름같이 떠난 이를/ 바람 간들 어찌 잡을까(「구름같이 떠난」 중에서)

—기다리는 마음에/ 전해오는 설렘도/ 그리움 아파서 가슴 메입니다(「인연의 꽃」 중에서)

이와 같이 김영일 시인의 '그리움'은 어떤 인연에 의해서 형성된 화자가 그 그리움의 대상으로 현현되고 있다. 더구나 작품 「그리워합니다」 중에서 '봄볕 보듬는 민들레꽃처럼/ 나는 당신을 그리워합니다'라는 어조에서 감응(感應)할 수 있듯이, 그의 '그리움'은 이미 예상된 상대성(당신)이 시적 소재로 발현해서 절실한 언어로 공감의 영역을 형성하고 있는 것이다.

3. 자연서정과 순수 정취(情趣)의 감응

김영일 시인에게서 다시 조감(照鑑)할 수 있는 시적 정취는 만유(萬有)의 자연 서정에서 새로운 감응을 흡인(吸引)시키는 특성을 발견하게 된다. 이 자연은 우리 인간들과 교감하는 가치나 신성(神性)이 충만한 존재로서 인간의 정서나 사회에 유익한 혜택을 부여하고 있음에 유의하게 한다.

세월이 쉬어 갈
봄 가지에 사춘기 소녀가
내숭을 떨고 있네요

소망도 자존심도 하나뿐인데
심원(心願)은 푸르게
중천(中天)에서 반깁니다

만고(萬苦)에 일군 행복
소중한 생신(生新)이련가

애송이 꽃잎 염원 감출 수 없다지만
춘풍은 못 견디게 동심을 흔드는데
새 소리가 듣고 싶어 오셨나요

생각나 못내 겨워
하얀 등불로 밤을 밝힙니다.

—「목련꽃」 전문

그렇다. 김영일 시인이 탐색하는 자연 서정은 우선 자기에 대한 서정적 자아(自我)의 추구를 위한 외적 사물과의 접근을 시도하고 있다. 그것은 그가 적시하는 시적 상황과 이미지의 투영에서 적나라(赤裸裸)하게 현시(顯示)되고 있어서 그의 심저(心底)에 흐르고 있는 순수성이 잔잔하게 현현되고 있다.

그는 이 '목련꽃'에서 감응하는 '사춘기 소녀'의 '내숭'으로 은유화하는 시법은 자연 그 자체보다는 자연(목련꽃)에 대한 시인의 관계를 더 중요하게 음미(吟味)할 필요가 있을 것이다.

이러한 경우는 고 김준오 교수의 『시론(詩論)』에서 명시했듯이, 감상적 오류인 자연의 인격화, 즉 동화(同化; assimilation)로서 시인이 모든 자연을 자신 속으로 끌어와서 그것을 내적 인격화하는 것이다.

또 하나는 투사(投射; project)인데 이는 시인이란 정체가 없기 때문에 그가 계속해서 어떤 다른 존재를 채우는 것, 곧 자연 속에 자신을 상상적으로 투여하는 원리로써 낭만적인 자연관의 두 가지 원리를 주목하게 된다.

김영일 시인은 이 「목련꽃」에서 '내숭을 떨고 있네요'나 '새소리가 듣고 싶어 오셨나요' 그리고 '하얀 등불로 밤을 밝힙니다' 라는 어조에서 감지(感知)할 수 있듯이 그가 '목련꽃'과의 교감은 동화의 원리를 적용한 시적 형상화로써 그의 '심원(心願)'은 '소망'과 '염원' 등이 '세월'과 동시에 순정적인 정취로 나타나고 있다.

서산에 해 질 때
노을빛 고운데

초가지붕 넝쿨에서
박꽃이 밤을 밝히네

순수를 별에게 알리려고
어두움 끌어안고 하얗게 피었나

해가 뜨면 꽃잎 다물고
해가 지면 꽃잎이 피네

인고에 피워 낸 순결
밤을 다스리는 여심

너와 함께 이 한밤
깊은 시름 달래 보는데

초경도 오경(五更)을 넘어서니
아침은 속절없이 꽃잎을 접네.

—「박꽃 여인」 전문

이 '박꽃 여인'에서도 동일한 시법이지만 이는 김영일 시인이 객관적으로 응시(凝視)하는 사물의 형태로써 '박꽃'의 내면의식이 바로 그의 심중에서 분사하는 진솔한 사유의 일단이라고 할 수 있을 것이다.

이는 '인고에 피워낸 순결/ 밤을 다스리는 여심'에서 이해할 수 있는 것처럼 상대성의 화자가 내면에 감추어져 있다. 그것은 '순수를 별에게 알리려고/ 어두움 끌어안고 하얗게 피었나'라는 어조에서 명징하게 표출되었듯이 '너와 함께'라는 화자는 이를 투사의 원리로 자신과 '너'가 공존하면서 자연과의 교감을 시도하고 있다.

이러한 시법은 김영일 시인이 간구(懇求)하는 서정적 자아의 실현과 함께 그가 작품으로 승화하려는 이면에는 자연 현상에 명민(明敏)한 감응으로 직시함으로써 획득하는 자연이 소지한 진리를 인간과 공유하는 어떤 질서의식을 공급받고 있는 것이다.

일찍이 파스칼도 그의 『팡세』에서 '자연은 모든 진리를 각각 그 자신 속에 간직하고 있다. 우리들의 기교는 그들의 한쪽을 다른 한쪽으로 가두려고 한다. 그러나 그것은 자연적인 아니다.' 라는 언지로 대자연관에서 형성하는 이중적인 사유는 금물이다.

우리 시인들은 오로지 순정적이면서도 순종의식의 자연관과 서정성을 융합하는 시정신이야말로 가장 바람직한 서정적 자아의 탐색이 아닌가 싶다. 이러한 서정성은 많은 작품에서 읽을 수 있다. 작품 「꽃잎 지는 밤」「봄이 오면」「가을 잎새처럼」「진달래꽃」「매화나무」「자연의 소리」「낙엽」「계절꽃」「해거름」 등 이루 헤아릴 수 없이 자연 풍광이나 정취에 몰입해 있다.

4. 유적지 견문(見聞)과 교시적(敎示的) 기능

김영일 시인은 이와 같은 생명이나 자연관에서 좀더 시야를 확대해서 우리 인간과 밀접한 관계가 있는 유적지의 견문을 시작하고 있다. 이는 이 유적지가 갖는 시간성에서 탐색하는 인간과의 함수관계를 추적하는 일로써 이들의 역사적 의미는 바로 우리들에게 교시적인 기능을 시적 메시지로 전달해 주는 기능을 발휘하게 된다.

그가 찾아다닌 유적지는 대체로 경주를 중심으로 다양하게 펼쳐진다. 대체로 그 지명만 살펴보면 '포석정', '골굴암', '백률사', '반월성과 안압지', '대왕암', '선덕여왕릉', '계림 숲', '첨성대', '봉황대', '오릉', '천마총', 등등이다.

이처럼 그가 경주 시내에 위치한 유적을 방문하면서 그 유적이 간직한 역사적인 사실(史實)뿐만 아니라, 실생활(real life)과 교감하는 환경적인 요소들이 가미되어 더욱 지적인 감응력으로 접근하게 되고, 사유의 확대로 당시의 실상과 역사적 의의를 실감하게 느낄 수가 있다.

경주 남산 서쪽 자락
배반동 숲 속
신라 천년 흥망 깃든
고적(古蹟)이 유적(幽寂)인데

노랫가락 권주가(勸酒歌)에
태평성대 자축(自祝)했던가

치욕주(恥辱酒) 한 잔 술에
청풍도 울고 왕궁도 울었다네

유상곡수(流觴曲水) 시 한 수에
그 세월에 취해 본다

온종일 기다려도
그때 그 풍악 소리 없는데
사색은 고요히
고금(古今)을 넘나든다

꽃넋은 술 취해
노을밭에 비틀거리는데
세월이 두고 간 돌홈만이
오가는 이 발길을 붙잡네.

—「포석정」 전문

그는 신라 태평성대를 차축하면서 술잔을 돌렸던 '포석정'에 대한 감회(感懷)는 우리들이 역사적 담론에 머물 것이 아니라, 현실적인 감각으로 반추(反芻)하는 시법이 바로 '유상곡수(流觴曲水. 註 : 수로를 굴곡지게 하여 흐르는 물 위에 술잔을 띄우고 그 술잔이 자기 앞에 오기 전에 시를 짓는 놀이) 시 한 수에/ 그 세월에 취해' 보거나 '온종일 기다려도/ 그때 그 풍악 소리 없는데/ 사색은 고요히/ 고금(古今)을 넘나든다'는 어조는 당시의 현장이 지금의 사색으로 형상화하는 '세월'의 무상을 읽게 하고 있다.

그는 이러한 상황을 통해서 '꽃 넋은 술 취해/ 노을밭에 비틀거리는데/ 세월이 두고 간 돌홈만이/ 오가는 이 발길을 붙잡네'라는 결론으로 사적(史的)의미보다도 더 진하게 다가오는 세월의 흔적이 생생한 메시지로 발양(發揚)되고 있다.

세월도 못다 지울
마애불상 저 미소
중생구제 보람인 듯
나그네 맘 붙잡네

굴과 굴 이어진 길
바위 계단 오르내리는데
마애불 절벽 아래 솟은 금강수
달콤한 천년수에 심신을 달랜다.

—「골굴암」 중에서

김영일 시인이 천년 고도의 정취에 몰입하는 내면에는 항상 '세월'이 동행하고 있다. 이러한 현상은 지나온 과거에 대한 단순한 회상이 아니라, 장구한 역사성에서 우리의 얼, 민족정신이 무엇이며 어디에 놓여 있는가 하는 근원적인 현실적 문제에의 접맥(接脈)을 염원하고 있다.

그는 모든 시편에 주(註)를 붙여서 자세한 설명을 곁들이고 있는데 이 '골굴암'의 경우에는 '기골굴암 : 경주시 양북면 안동리에 있는 함월산 반대편에 12곳으로 구분된 천생(타고난 바, 날 때부터, 당초부터) 골굴암은 기림사의 암자였다고 한다.' 그리고 '금강수 : 마애불 절벽 아래 물은 많지는 않으나 맛이 달다. 이 샘 이름을 금강수라 한다.' 라는 해설을 붙임으로써 우리들의 이해를 높일 뿐만 아니라, 공감도 배가(倍加)되고 있다.

대웅전 뒤 삼성각 옆
능선길 이어가니 정상 암벽에
삼존마애불좌상 계시네

공양비에 새겨진 인물상 옷차림은
부인복 통치마에 허리 덮인 상의
이 또한 신라인의 의상이 아닌가.

—「백률사」 중에서

이러한 시편들에서는 신라 천년의 생활상과 신라인들의 정신이 깃들어 있는 교시적인 기능이 철저하게 부각(浮刻)되고 있어서 현대인들이 탐방해서 만끽(滿喫)해야 할 정경(情景)이 안온하게 적시되어 있다.

그는 특히 '마애불상'에 대한 교감이 절실하게 현현되고 있다. 이는 그가 지향하는 불교적인 신심의 발양으로 '이차돈의 거룩한 순교'나 '중생 구제'라는 고차원의 시정신이 바탕으로 형성되어 그가 직시하는 현실과의 접목을 기원으로 형상화하고 있음을 이해하게 한다.

김영일 시인은 이 시집 『무얼 하고 계시나』를 통해서 이 '이슬꽃'에 관한 서정이 '가슴에 피어난 연둣빛 고백/ 수줍은 사춘기 같은 순아인가// 풀숲에선 여치가 새벽 문을 여는데/ 눈치 채인 내 마음 고적(孤寂)한 자리/ 마중 나온 초로(草露)꽃이여// 두 날개 활짝 펴는 눈부신 햇빛/ 고고한 당신을 향하여/ 어느덧 가부좌 틀고/ 푸른 하늘을 날고 있다'는 순정이 그의 심안(心眼)에 깊이 각인되어 있어서 순수 서정의 범주에서 그는 생명과 시간성의 함수관계로 그의 시적 진실이 구명(究明)될 것이라는 기대가 김영일 시학의 정점으로 정립할 수 있다는 신뢰가 영원성을 가진다. 축하한다.

김영일 시집_ 무얼 하고 계시나

초판 인쇄 | 2014년 1월 25일
초판 발행 | 2014년 1월 30일

지 은 이 | 김영일
발 행 인 | 정종명
편집국장 | 차윤옥

펴낸곳 | 月刊文學출판부
주소 | 서울시 양천구 목동서로 225 대한민국예술인센터 1017호
전화 | 02-744-8046~7
팩스 | 02-743-5174
이메일 | klwa95@hanmail.net
등록 | 2011년 3월 11일 제2011-000081호
ISBN 978-89-6138-238-0 03810

값 8,000원